Jennifer Birkenkamp

NORNHIEs Kochbuch

Das Kochbuch zur Nornhie Buchreihe

Weitere Rezepte finden Sie unter:

www.nornhieskochblog.net

Fotos © Jennifer Birkenkamp

August 2021

© 2021 Birkenkamp, Jennifer
Herstellung und Verlag: BoD – Books on Demand, Norderstedt

ISBN: 9783754322352

Alicjas Früchtemüsli Seite 12

Inhalt

Vorwort

Liebe Nornhiefans,

habt ihr euch schon immer gefragt, was Leila den Wissenden sowie Emily, Alicja, Robert, Peter, Jack und Joe in Nornhie zum Essen kocht, damit sie immer bei Kräften bleiben?

Dabei muss sie natürlich dafür sorgen, dass Sie Ihnen auch gesunde Leckereien serviert. Aber gesund heißt ja nicht, dass es nicht schmeckt!

So ist Leila häufig in ihrem Kräutergarten und zaubert in ihrer Küche immer wieder leckere Mahlzeiten, die allen schmecken! Aber natürlich passend zu dem Wappen Nornhies.

In diesem Kochbuch gibt euch Leila einen kleinen Einblick in ihre zauberhaften Rezepte!

Für alle lieben Nornhieleserinnen und -leser.

Alicjas Frühstück

Um gut in den Tag starten zu können,
ist es für Alicja sehr wichtig,
direkt morgens ein gutes Frühstück zu
sich zu nehmen, damit sie ihre
Sprungkraft auch gut entfalten kann!
Daher zaubert ihr die Köchin Leila
die besten Frühstücksleckereien.

Alicjas Früchtemüsli

Zubereitung: 15 Minuten
Für 2 Portionen
75g Sonnenblumenkerne
75g Haselnüsse
75g Mandeln
150g Haferflocken (kernig)
2 EL Honig
2 EL Rapsöl
etwas Milch
(nach Belieben): Apfel, Banane, Heidelbeeren, Himbeeren

1. Zerkleinere die Mandeln und Haselnüsse mit einem Messer und gebe die Sonnenblumenkerne und Haferflocken hinzu.

2. Erhitze 2 EL Honig zusammen mit 2 EL Rapsöl in einer Pfanne und füge die Mischung aus Mandeln, Haselnüssen, Sonnenblumenkernen und Haferflocken dazu. Lass alles ca. 3 Minuten bei mittlerer Hitze anrösten.

3. Wenn die gewünschte Bräunung erreicht ist, lass die Müslimischung gut abkühlen.

4. Schneide nach Belieben den Apfel und die Banane in kleine Stücke und füge diese zusammen mit den Heidel- und Himbeeren zu dem abgekühlten Müsli hinzu. Mit etwas gekühlter Milch schmeckt das gesunde Müsli sehr gut!

Müsli ist nicht nur lecker, sondern auch gesund!

Joes Schokomüsliriegel

Zubereitung: 35 Minuten

- - - - - -

220g Schokomüsli
1 TL Zitronensaft
2 EL Weizen- oder Dinkelmehl
100g Honig
2 EL Butter
100g Schokoladenglasur (Vollmilch oder dunkle Schokolade)

1. Schmelze die Butter bei mittlerer Hitze in einem Topf. Rühre anschließend den Honig unter die Butter.

2. Füge das Schokomüsli, den Zitronensaft sowie das Mehl zu dem Butter-Honiggemisch und verrühre alles zu einer gleichmäßigen Masse.

3. Heize den Backofen auf 150°C Umluft auf. Lege etwas Backpapier in eine Auflaufform und befülle diese mit der warmen Müslimasse, sodass diese eine Höhe von ca. 1cm aufweist. Schiebe dann alles für circa 15 Minuten in den Backofen.

4. Koche etwas Wasser in einem Topf auf. Nimm diesen von der Kochstelle und schmelze die Schokoladenglasur gemäß der Packungsanleitung, sodass diese flüssig wird.

5. Nimm die Müslimasse aus dem Backofen und lass diese kurz auskühlen, bevor du sie mit einem Messer in ca. 2cm breite Müsliriegel schneidest. Verziere diese dann mit der geschmolzenen Schokoladenglasur.

Müsliriegel eignen sich auch gut als Pausensnack!

Arus Haferbrei

Zubereitung: 15 Minuten
Für 2 Portionen
75g Haferflocken
400ml Hafermilch
2 Äpfel

1. Füge sowohl die Haferflocken als auch die Hafermilch in einen Topf und lass alles kurz unter Rühren aufkochen.

2. Nehme den Brei dann von der Kochstelle und lass ihn kurz etwas auskühlen. Wasche währenddessen die Äpfel gründlich unter fließendem Wasser und schneide diese in Scheiben.

3. Füge den Brei mit einer Kelle in tiefe Teller oder Schüsseln und garniere diese mit den Äpfeln.

Tipp: Wenn du Plätzchenausstecher hast, kannst du den Apfel zunächst in große Scheiben schneiden und dann schöne Formen ausstechen, sodass dein selbstgemachter Haferbrei zu einem echten Hingucker wird!

Einhorndinkelbrötchen

Zubereitung: 40 Minuten
Für 2 Portionen
375g Dinkelvollkornmehl
250ml lauwarmes Wasser
1 TL Salz
20g Hefe
(nach Belieben): Sonnenblumenkerne

1. Löse die Hefe in ca. 100ml lauwarmen Wasser auf, indem du diese in das Wasser bröselst.

2. Vermenge Dinkelmehl, Salz und das restliche lauwarme Wasser mit der aufgelösten Hefe zu einem glatten Teig und decke ihn dann mit einem Tuch ab. Lass ihn an einem warmen Ort für circa 20 Minuten gehen.

3. Heize währenddessen den Backofen auf 250 Grad Umluft auf.

4. Forme mit befeuchteten Händen kleine Brötchen aus dem Teig und lege sie auf einem mit Backpapier ausgelegten Backblech.

5. Mache einen kleinen Schnitt auf die Brötchen. Bestreue sie nach Belieben mit Sonnenblumenkernen und lasse sie dann für ca. 15 Minuten im Backofen knusprig werden.

Tipp: Wenn du eine mit Wasser gefüllte, hitzebeständige Schale oder Tasse während der Backzeit unten in den Backofen stellst, dann werden die Brötchen noch knuspriger!

Joes geliebte Croissants

Zubereitung: 45 Minuten
Für 8 Stück
140g Weizen- oder Dinkelmehl
250g Magerquark
100g Butter
½ TL Salz
1 Pck. Backpulver
(nach Belieben): 1 Eigelb zum Bestreichen

1. Zerlasse 80g Butter in einem Topf. Vermenge Quark, Mehl, Backpulver Salz sowie die zerlassene Butter zusammen in einer Rührschüssel und knete alles zu einem glatten Teig.

2. Rolle den Teig auf einer bemehlten Arbeitsfläche aus, bis er eine Dicke von ca. 1cm und eine rechteckähnliche Form aufweist. Gib mit einem Pinsel etwas von der restlichen Butter auf den Teig und falte diesen in der Mitte. Bepinsle den Teig dann wieder mit Butter und falte ihn erneut. Stelle ihn anschließend für 20 Minuten in den Kühlschrank.

3. Heize währenddessen den Backofen auf 180 Grad Umluft auf. Nimm den Teig aus dem Kühlschrank und rolle diesen wieder mit ca. 1cm Dicke auf einer bemehlten Fläche aus, sodass ein Rechteck entsteht. Halbiere das Rechteck mit einem Messer und schneide aus den Hälften jeweils 4 Dreiecke. Forme diese zu Croissants, indem du sie von der kurzen Seite des Dreiecks hereinrollst.

4. Lege die Croissants auf ein mit Backpapier belegtes Backblech und bestreiche diese mithilfe eines Pinsels mit etwas Eigelb. Backe die Croissants für ca. 20 Minuten, bis sie goldgelb sind.

Croissants mit Marmelade schmecken nicht nur zum Frühstück!

Leilas selbstgemachte Marmelade

Zubereitung: ca. 25 Minuten
Für ca. 2 Einmachgläser_____ ____
500g Erdbeeren
250g Gelierzucker
einen Spritzer Zitronensaft

1. Koche als erstes die Einmachgläser und Deckel aus und lasse sie lufttrocknen.

2. Entferne die Stängel der Erdbeeren und halbiere sie mit einem Messer. Wasche diese anschließend in einem Sieb unter fließendem Wasser.

3. Gebe die Erdbeeren mit einem Spritzer Zitronensaft in einem Topf und koche sie kurz auf, bis eine weiche Masse entsteht

4. Füge anschließend den Gelierzucker zu der Masse hinzu und lass alles ca 3 Minuten unter Rühren kochen. Gib dann mit einem Teelöffel etwas auf einen kleinen Teller und prüfe, ob die Marmelade nach wenigen Minuten dicklich-fest wird, denn erst dann hat sie die richtige Konsistenz.

5. Fülle die Erdbeermarmelade direkt in die Gläser und lass sie dort auskühlen, indem du die Gläser für ein paar Minuten umgedreht auf die Deckel stellst.

Erdbeermarmelade im Glas lässt sich auch gut verschenken

Einhornbutter

Zubereitung: 15 Minuten

250ml Schlagsahne
1 Prise Salz
Nach Belieben diverse Kräuter (z.B. Dill, Schnittlauch)

1. Gebe die Schlagsahne in eine Schüssel und schlage diese kräftig entweder mit einem Rührbesen oder einem Handrührgerät, auf. Rühre so lange, bis eine Aufteilung der Sahne in einen festen Teil und Buttermilch erfolgt.

2. Knete anschließend den daraus entstandenen festen Butterteil so lange aus, bis die ganze Buttermilch entfernt wurde.

3. Füge etwas Salz zu der Butter hinzu und knete diese nochmals durch, damit sich das Salz gleichmäßig verteilt.

4. Nach Belieben kannst du noch Kräuter wie beispielsweise Dill oder Schnittlauch zu der Butter hinzufügen, indem du die Kräuter vorher mit einem Messer zerkleinerst. So hast du leckere Kräuterbutter!

Wenn du Ausstechförmchen hast, kannst du aus
der Butter schöne Kreationen entstehen lassen!

Akros Brotaufstrich

Zubereitung: 10 Minuten

—— —— —— —— —— ——

120g Butter (pflanzlich)
½ Paprika
Petersilie
Schnittlauch
Salz, Pfeffer

1. Wasche Paprika, Petersilie und Schnittlauch unter fließendem Wasser gründlich und schneide alles in kleine Würfel.

2. Gib die Butter in eine Schüssel und schlage diese mit einem Rührgerät cremig auf.

3. Füge die kleingeschnittene Paprika sowie die Petersilie zu der Butter und schmecke alles mit Salz und Pfeffer ab.

4. Bestreiche ein Brot mit dem Brotaufstrich und streue nach Belieben noch etwas Schnittlauch darüber.

Für eine leckere Brotzeit!

Erusius Ingwertee

Zubereitung: 15 Minuten

--- --- --- --- --- ---

30g Ingwer
400ml Wasser
Nach Belieben: 2 TL Honig

1. Wasche den Ingwer unter fließendem Wasser und schneide
   diesen anschließend mit einem Messer in kleine Würfel.
   Füge die geschnittenen Würfel dann in eine entsprechende Tasse
   oder eine Teekanne.

2. Koche das Wasser in einem Topf oder mithilfe eines
   Wasserkochers auf. Gieße dieses dann auf den
   kleingeschnittenen Ingwer und lass alles für circa 10 Minuten
   zugedeckt ziehen.

3. Füge nach Belieben noch etwas Honig hinzu und rühre diesen
   unter. Die Ingwerstücke setzen sich normalerweise auf dem
   Boden ab, daher brauchst du diese nicht extra heraussieben.

Ingwer wird eine entzündungshemmende
Wirkung nachgesagt. Zudem soll es
Erkältungen und Verdauungsbeschwerden
lindern!

Mittagessen aus Nornhie

Nach dem ganzen anstrengendem
Unterricht, benötigen gerade auch
Emily, Alicja, Robert, Joe, Jack und
Peter ein gutes Mittagessen, um
sich für die weiteren Stunden stärken
zu können.

Da die Geschmäcker verschieden sind,
versucht Leila jeden Tag etwas für sie
zu kochen, was auch jedem schmeckt!

Jacks Frühlingssalat auf Seite 60

Currywurst Pommes à la Nornhie

Zubereitung: 50 Minuten
Für 2 Portionen

Für die Currysauce:
2 Bratwürste
50g Tomatenmark (circa)
2 EL Currypulver mittelscharf
1 Messerspitze Chillipulver
2 EL Balsamico
Wasser, Olivenöl, Salz und Pfeffer

Für die Pommes:
2 kg Kartoffeln
Pflanzenöl
Paprika und Salz nach
Belieben

1. Heize deinen Backofen auf 200°C Umluft auf. Schäle die Kartoffeln, schneide diese in circa 1cm dicke Streifen und wasche sie gut unter fließendem Wasser.

2. Lege die Streifen auf ein mit Backpapier ausgelegtes Backblech und bestreiche diese mit Pflanzenöl, bevor du sie dann in den vorgeheizten Backofen für ca. 30 Minuten unter mehrmaligem Wenden goldgelb backen lässt.

3. Brate die Bratwürste mit etwas Olivenöl in einer Pfanne. Erhitze ca. 50g Tomatenmark in einem Topf und lösche es mit etwas Wasser ab. Füge 2 EL Balsamico Essig sowie eine Messerspitze Chilipulver hinzu und lass es gut köcheln. Schmecke die Sauce mit Salz und Pfeffer ab.

5. Schneide die Bratwurst in Scheiben und gebe die Sauce auf die Bratwurst. Streue ca. 2 EL Currypulver darüber.

6. Nehme die Pommes aus dem Backofen, würze diese mit Salz und Paprika und richte alles auf einem Teller an.

Selbstgemachte Pommes aus dem Ofen sind nicht nur lecker, sondern enthalten auch viel weniger Fett als aus der Fritteuse!

Leilas beste Bratwurst

Zubereitung: 40 Minuten
Für 2 Personen

Für die Bratwurst:
2 Bratwürste
2EL Olivenöl
Salz

Für das Möhrengemüse:
2kg Kartoffeln
1kg Möhren
20g Butter
etwas Milch
Schnittlauch, Petersilie

1. Schäle, wasche und viertel die Kartoffeln. Schäle, wasche und schneide die Möhren in Scheiben.

2. Gebe die Kartoffeln und Möhren in einen mit Wasser gefüllten Topf und bringe diese zum Kochen.

3. Brate die Bratwürste mit 2 EL Olivenöl in eine Pfanne und würze diese mit Salz und Pfeffer.

4. Prüfe mit einer Gabel, ob die Kartoffeln und Möhren gar sind. Schütte dann das Wasser ab, stampfe alles und hebe circa 20g Butter unter. Füge nach Belieben noch etwas Milch hinzu und rühre diese unter. Schmecke alles mit Salz und Pfeffer ab.

5. Richte die Bratwurst sowie das Möhrengemüse auf einem Teller an und dekoriere es mit Petersilie und Schnittlauch.

Wenn du Ausstechformen hast, kannst du aus dem Möhrengemüse tolle Kreationen zaubern!

Joes Pizzahäppchen ohne Hefe

Zubereitung: 30 Minuten
Für 2 Personen
300g Dinkelmehl
150ml Wasser
2 TL Salz
2 EL Olivenöl
Tomatenmark
Mozzarella
nach Belieben: rote, grüne, gelbe Paprika, Schinken, Tomaten etc.

1. Heize deinen Backofen auf 250 °C Umluft auf.

2. Vermenge das Dinkelmehl mit dem Salz in einer Schüssel und gebe anschließend das Wasser sowie 2EL Olivenöl hinzu. Knete die Zutaten gut durch, bis diese einen glatten Teig ergeben.

3. Rolle den Teig auf einem mit Backpapier belegten Backblech aus. Sollte der Teig zu sehr kleben, verwende noch etwas Mehl, welches du auf dem Backpapier und dem Teig zerstreust.

4. Pinsel etwas Tomatenmark auf den Teig, aber sei sparsam, damit der Teig nicht zu weich wird. Belege die Pizza nun mit deinen Lieblingszutaten wie beispielsweise kleingeschnittene Paprika, Tomaten, Thunfisch, Zwiebeln oder Schinken.
Streue anschließend noch kleingeschnittenen Mozzarella über die Pizza.

Mit einer Einhornausstechform kannst du
aus der Pizza schöne Einhornhäppchen
kreiíren!

Emilys Lasagne

Zubereitung: 60 Minuten
Für 4 Portionen

10 Lasagne Blätter
150g Parmesan (gerieben)
Olivenöl
Für die Bolognese Sauce:
300g Rindergehaktes
6 EL Tomatenmark
1 Tomate, 1 Möhre
1 Zwiebel
Olivenöl, Salz, Pfeffer, Basilikumblatt

Für die Béchamelsauce:
70g Butter
70g Mehl
700ml Milch
Pfeffer

1. Heize den Backofen auf 180°C Umluft auf. Erhitze etwas Olivenöl in einem Topf und brate das Rindergehaktes darin an. Schneide die Tomate, Zwiebel und die Karotte in kleine Stücke und gib diese zu dem Hackfleisch. Füge Tomatenmark sowie Salz, Pfeffer und das Basilikumblatt hinzu und lass alles ca. 15 Minuten köcheln, bevor du das Basilikumblatt wieder entfernst.

2. Zerlasse währenddessen die Butter in einem Topf. Füge zunächst das Mehl unter Rühren hinzu und anschließend die Milch. Würze alles mit etwas Pfeffer und lass es einige Minuten köcheln, bis eine dickliche Béchamel Sauce entsteht.

3. Gib jetzt etwas Olivenöl in eine Auflaufform und schichte abwechselnd die Lasagne Blätter und die Bolognese Sauce übereinander. Schließe mit der Bolognese Sauce ab.

4. Gebe die Béchamelsauce ganz oben auf die Lasagne und streue noch Parmesan darüber, bevor du die Lasagne für ca. 30 Minuten bei 180°C im Backofen aufbackst.

Lasagne schmeckt einfach immer!

Koba Spaghetti Bolognese

Zubereitung: 50 Minuten
Für 2 Personen
300g Rindergehaktes
200g Penne oder Spaghetti Nudeln
3 EL Tomatenmark
150ml Wasser
1 Zwiebel
1 Tomate
1 EL Olivenöl
etwas Petersilie
etwas Schnittlauch
1 Prise Salz und Pfeffer

1. Wasche Tomate, Petersilie und Schnittlauch gründlich unter fließendem Wasser und schneide alles in kleine Würfel. Schneide auch die Zwiebel entsprechend in kleine Würfel.

2. Koche Wasser für die Nudeln auf, indem du dieses mit einer Prise Salz versiehst. Gib die Penne dazu und lass alles solange kochen, bis sie al dente sind.

3. Füge währenddessen 1 EL Öl in einen Topf und lass die Zwiebel darin für wenige Minuten andünsten, bevor du das Rindergehaktes dazugibst und es anbraten lässt. Füge das Wasser hinzu und rühre Tomatenmark unter. Lass es bei geringer Hitze zugedeckt ca. 40 Minuten kochen. Zwischendurch gut umrühren und bei Bedarf noch Wasser hinzufügen.

4. Schmecke die Bolognese Sauce mit Salz, Pfeffer, Petersilie und Schnittlauch ab. Schütte die Nudeln ab und richte die Penne mit Bolognese Sauce appetitlich auf Tellern an.

Der Klassiker - Spaghetti Bolognese!

Fugis Nudelauflauf

Zubereitung: ca. 35 Minuten
Für 4 Personen
300g Nudeln
250ml Sahne
2 Paprika
1 Dose Mais (250g)
150g Mozzarella (gerieben)
nach Belieben: 1 Tomate, 250g gekochter Schinken
1 EL Olivenöl
Salz, Pfeffer

1. Koche die Nudeln in einem Topf mit Salzwasser nach Packungsbeilage circa 8-10 Minuten, bis diese bissfest sind. Seihe diese anschließend mithilfe eines Siebs ab.

2. Heize den Backofen auf 180Grad Umluft auf.

3. Wasche die Paprika und nach Belieben auch die Tomaten gründlich unter fließendem Wasser und schneide diese dann in Würfel. Den gekochten Schinken ebenfalls in Würfel schneiden.

4. Gebe 1 EL Olivenöl in eine Auflaufform und füge die Nudeln hinzu. Streue nach Belieben Paprika, Mais, Tomate und Schinken über die Nudeln, gieße die Sahne darüber und bestreue alles mit dem geriebenen Mozzarella.

5. Backe den Auflauf für ca. 20 Minuten im vorgeheizten Backofen bis der Mozzarella goldgelb ist.

Nudelauflauf mit viel frischem Gemüse!

Leilas schneller Kartoffelauflauf

Zubereitung: ca. 45 Minuten

Für 2 Personen

250g Kartoffeln
250ml Sahne
2 Paprika
1 Dose Mais (250g)
1 Tomate
150g Mozzarella (gerieben)
1 EL Olivenöl
Salz, Pfeffer

1. Schäle und wasche die Kartoffeln und lass diese in einem Topf so lange kochen, bis sie gar sind.

2. Wasche Paprika und Tomate gründlich unter fließendem Wasser und schneide sie in Würfel.

3. Heize den Backofen auf 180°C Umluft auf.

4. Gib 1 EL Olivenöl in die Auflaufform. Seihe die Kartoffeln in einem Sieb ab und gebe diese ebenfalls in die Auflaufform. Streue Paprika, Tomate sowie Mais darüber und verteile das Gemüse gleichmäßig. Würze alles mit Salz und Pfeffer, bevor du den Mozzarella darüber streust.

5. Backe den Auflauf für ca. 20 Minuten auf mittlerer Schiene im Backofen, bis er goldgelb ist.

Kartoffelauflauf schmeckt immer und das
Gemüse ist gesund!

Leilas Gemüsepfanne mit Pute

Zubereitung: ca. 35 Minuten
Für 2 Personen
4 Süßkartoffeln
350g Putenfleisch
½ Zucchini
1 Paprika
2 Tomaten
2 Stangen Lauch
6 Champignons
1 Aubergine
½ Zwiebel
1 Peperoni
1 EL Olivenöl
Salz, Pfeffer

1. Wasche das Putenfleisch unter fließendem Wasser und trockne dieses. Entferne das Fett und schneide das Fleisch in Streifen. Gib etwas Olivenöl in eine Pfanne und brate das Putenfleisch darin an, bis es gar ist.

2. Schäle, wasche und koche die Süßkartoffeln in einem mit Salzwasser gefüllten Topf. Putze Zucchini, Paprika, Tomaten, Lauch, Champignons, Aubergine und Peperoni unter fließendem Wasser gründlich und schneide alles in kleine Würfel. Schäle die Zwiebel und schneide auch diese in kleine Würfel.

3. Füge das Gemüse zu dem gebratenen Putenfleisch hinzu und lass dieses mit anbraten. Seihe die Süßkartoffeln in einem Sieb ab und gib diese ebenfalls in die Gemüsepfanne. Lass alles ca. 10 Minuten bei mittlerer Hitze in der Pfanne gar werden.

4. Schmecke die Gemüseputenpfanne mit Salz und Pfeffer ab.

*Gemüse enthält viele Vitamine und ist daher
sehr gesund!*

Arus selbstgemachte Gnocchis

Für 2 Personen_____

Für die Gnocchis:	Für die Sauce:
500g Kartoffeln	1 Zucchini
50g Grieß	1 Paprika
250g Mehl	1 Tomate
Prise Salz	150ml Wasser
	4EL Tomatenmark
	Schnittlauch
	Salz, Pfeffer

1. Schäle die Kartoffeln, wasche diese und koche sie in einem Topf mit reichlich gesalzenem Wasser, bis sie gar sind.

2. Stampfe die Kartoffeln und füge Grieß, Mehl und Salz hinzu. Vermenge alles zu einem glatten Teig. Rolle den Teig, bis dieser circa die Breite deines Daumens hat. Schneide daraus Gnocchi, die wiederum so breit wie dein Daumen sind und forme daraus die Gnocchi nach Belieben. Gib diese dann in kochendes Salzwasser und lass sie so lange köcheln, bis sie oben schwimmen und somit gar sind.

3. Schneide währenddessen Tomate, Paprika, Schnittlauch und Zucchini in kleine Würfel und wasche alles gründlich. Erhitze Tomate, Paprika und Zucchini kurz in einen Topf. Füge Wasser sowie Tomatenmark hinzu und lass alles aufkochen, bis das Gemüse weich ist. Gib noch etwas Schnittlauch hinzu und schmecke die Sauce mit Salz und Pfeffer ab.

4. Richte die Gnocchi mit der Sauce auf einem Teller an.

Gnocchis selbstgemacht schmecken immer noch am besten!

Erusius Käse-Lauchsuppe

Zubereitung: ca. 30 Minuten

Für 2 Personen

Zutaten:

350g Hackfleisch gemischt
2 Stangen Lauch
400ml Wasser
2 Würfel Gemüsebrühe
150g Schmelzkäse
2 EL Olivenöl
Salz, Pfeffer

1. Erhitze das Olivenöl in einem Topf und brate darin das Hackfleisch von allen Seiten an.

2. Wasche die Lauchstangen unter fließendem Wasser und schneide diese in kleine Stücke. Füge sie dann zu dem Hackfleisch hinzu und brate alles 5 weitere Minuten an.

3. Füge Wasser sowie Gemüsebrühe zu dem Hackfleisch-Lauchgemisch und lass alles bei mittlerer Hitze ca. 15 Minuten kochen.

4. Füge den Schmelzkäse hinzu und lass diesen schmelzen. Schmecke die Suppe mit Salz und Pfeffer ab.

Käse-Lauchsuppe schmeckt nicht nur in der kalten
Jahreszeit!

Nesus Hühnerfrikassee

Zubereitung: 20 Minuten
Für 2 Personen

250g Hähnchenbrustfilet	ca. 80g Gemüsebrühe
150g Basmati Reis	1 EL Öl
2 Möhren	2 EL Butter
100g Spargel	100ml Milch
100g grüne Erbsen	Salz, Pfeffer
100g Champignons	
2 EL Mehl	

1. Wasche die Hähnchenbrustfilets unter fließendem Wasser, tupfe diese trocken und schneide sie in Würfel. Koche den Reis nach Packungsbeilage in einem Topf mit Salzwasser.

2. Wasche die Möhren und Champignons und schneide diese in Scheiben. Erhitze das Öl in einer Pfanne und brate die Hähnchenbrustfilets darin für ca. 5 Minuten von allen Seiten an. Füge Champignons, Möhren, Spargel sowie Erbsen dazu und brate sie kurz mit.

3. Erhitze währenddessen die Butter in einem Topf und gebe das Mehl dazu, um es anschwitzen zu lassen. Füge Milch und Gemüsebrühe hinzu und verrühre alles so lange, bis eine Sauce entsteht.

4. Füge die Hähnchenbrustfilet-Gemüsepfanne zu der Sauce und hebe diese unter. Schmecke alles mit Salz und Pfeffer ab.

5. Gieße den Reis ab und richte diesen auf einem Teller an. Gib zum Abschluss mit einer Kelle noch etwas Hühnerfrikassee auf den Reis.

Die Zubereitung von Hühnerfrikassee kann auch
schnell gehen!

Roberts Paprikagemüse

Zubereitung: 30 Minuten
Für 2 Personen
300g Rindergehaktes
1 Tomate
1 rote, gelbe und/oder grüne Paprika
ca. 200ml Wasser
3 EL Tomatenmark
150g Basmatireis
Olivenöl
2 EL Mehl
Salz, Pfeffer, Paprikagewürz
Schnittlauch

1. Erhitze etwas Olivenöl in einer Pfanne und brate das Rindergehakte darin von allen Seiten an. Würze es mit Salz, Pfeffer und Paprikagewürz. Wasche Tomate sowie Paprika und schneide diese in Würfel.

2. Füge die geschnittenen Paprika und Tomaten zu dem Gehakten und brate sie kurz mit an. Streue das Mehl über die Hackfleischgemüsepfanne und lass es anschwitzen. Füge Wasser und Tomatenmark unter Rühren hinzu und lass alles noch einige Minuten köcheln.

3. Gieße den Reis ab und richte diesen auf einem Teller an. Gib das Paprikagemüse darüber und garniere alles mit etwas Schnittlauch.

Roberts Paprikagemüse - gesund und genussvoll!

Nesus Grillbeilagen

Zubereitung: 30 Minuten
Für 2 Personen

Für die kalte Platte:	Für den Kräuterquark mit Baguette:
1 Paprika	2 Baguettes zum Aufbacken
1 Tomate, 3 Cherrytomaten	200g Magerquark
grüne und schwarze Weintrauben	2 Stängel Schnittlauch
1 x Mozzarella (200g)	etwas Petersilie
1x Parmaschinken, 1x Gouda	etwas Dill
5 kleine Mozzarellakugeln	halber Teelöffel Zitronensaft
Olivenöl, Petersilie, Zahnstocher	Salz und Pfeffer

1. Wasche die Paprika, Tomate, Weintrauben, Cherrytomaten, Petersilie, Dill und Schnittlauch gründlich. Schneide dann den' Schnittlauch in Röllchen und hacke Petersilie und Dill fein. Schneide die Paprika in Streifen, von denen du 2 Streifen in Würfel zerkleinerst. Lege die Paprikastreifen auf den Teller. Spieße die geschnittenen Paprikawürfel zusammen mit Mozzarellakugeln auf Zahnstocher auf und lege diese ebenfalls auf den Teller. Schneide die große Tomate und den 250g Mozzarella in Scheiben und richte zunächst den Mozzarella und darüber die Tomatenscheiben an. Würze diese mit Salz, Pfeffer und etwas Olivenöl. Spieße sowohl den Parmaschinken, als auch die Goudascheiben auf Zahnstocher auf, indem du diese vorher rollst und dann ebenfalls auf dem Teller anrichtest. Dekoriere den Teller noch mit den Weintrauben und streue am Ende zusätzlich etwas Petersilie darüber.

2. Backe die Baguettes nach Anleitung in deinem Backofen auf. Vermenge Magerquark und Zitronensaft in einer Schüssel und hebe dann die Kräuter unter. Schmecke den Quark mit Salz und Pfeffer ab.

Nesus Grillbeilagen - auch für ein kaltes Buffet geeignet!

Alicjas Kroketten

Zubereitung: 45 Minuten
Für 2 Portionen
1,5kg Kartoffeln (vorwiegend festkochend)
1 Brötchen vom Vortag
3 EL Olivenöl
3 EL Milch
Salz und Pfeffer
Petersilie

1. Schäle und viertel die Kartoffeln. Wasche diese in einem Sieb unter fließendem Wasser und koche sie in einem Topf mit Salzwasser auf, bis sie gar sind.

2. Seihe die Kartoffeln ab und stampfe sie klein. Füge 3EL Milch hinzu und rühre diese unter.

3. Zerkleinere das Brötchen in kleine Brötchenkrümel. Lege diese auf einen tiefen Teller und das Olivenöl auf einen Zweiten. Forme aus der Kartoffelmasse kleine Kroketten und schwenke diese zunächst in dem Olivenöl und anschließend in den Brötchenkrümeln, sodass sie von allen Seiten paniert sind.

4. Lege die Kroketten auf ein mit Backpapier ausgelegtem Backblech und lass diese für ca. 20 Minuten bei 180°C Umluft im Backofen braun und knusprig werden.

Alicjas Kroketten - knusprig und lecker! Diese schmecken auch, wenn du sie mit Ei und Paniermehl panierst!

Leilas Lachs mit

Rosmarinkartoffeln und Spinat

Zubereitung: 30 Minuten
Für 2 Portionen
2 Scheiben Lachs (gekühlt)
2kg Kartoffeln
250g Blattspinat
1 Scheibe Zitrone
etwas Rosmarin (Kräuter)
1 EL Olivenöl
Salz und Pfeffer

1. Schäle, viertel und wasche die Kartoffeln. Lass sie anschließend in einem Topf mit Salzwasser aufkochen und gar werden.

2. Wasche währenddessen den Blattspinat und die Peperoni unter fließendem Wasser. Lass etwas Olivenöl in einer Pfanne heiß werden und füge den Blattspinat hinzu. Lass diesen unter mehrmaligen Wenden gar werden. Schneide die Peperoni in Scheiben und füge diese zu dem Blattspinat hinzu, um sie ebenfalls kurz zu erwärmen. Würze alles mit Salz und Pfeffer.

3. Wasche und zerhacke den Rosmarin. Seihe die Kartoffeln nun ab und schwenke diese in etwas Olivenöl in einer Pfanne. Füge etwas Rosmarin hinzu und lass es kurz heiß werden. Schmecke die Kartoffeln mit etwas Salz ab.

4. Richte die Rosmarinkartoffeln, den Spinat sowie die gekühlte Lachsscheibe auf einem Teller an und füge einige Tropfen Zitrone über den Lachs.

Leilas Lachs mit Rosmarinkartoffeln und Spinat

Jacks Frühlingssalat

Zubereitung: 10 Minuten
Für 1 Portion _ _ _ _ _
1 Tomate
1 rote, gelbe und/oder grüne Paprika
Feldsalat
1 Radieschen
1 EL Balsamico
2 EL Olivenöl
Petersilie

1. Wasche Tomate, Paprika, den Feldsalat sowie die Radieschen und die Petersilie gründlich unter fließendem Wasser.

2. Schneide die Tomate in Scheiben und lege sie an den äußeren Rand eines tiefen Tellers. Lege den Feldsalat in die Mitte des Tellers.

3. Schneide die Paprika in kleine Würfel und streue diese über den Feldsalat.

4. Schneide die Radieschen am Kopf mit einem Messer sternförmig aus und garniere diese in der Mitte des Tellers.

5. Mische den Balsamico mit dem Olivenöl und verteile das Dressing gleichmäßig auf dem Salat. Zum Abschluss kannst du alles noch mit kleingeschnittener Petersilie oder Gartenkräutern garnieren. So zauberst du ganz schnell einen Frühlingssalat für dich und deine Gäste ohne viel Aufwand!

Jacks Frühlingssalat - gerade an warmen
Frühlings- und Sommertagen erfrischt dieser
gesunde Salat!

Süßes zum Nachtisch

Neben einem guten Mittagessen, darf

natürlich auch der Nachtisch nicht

fehlen, der auch mal süßer sein darf.

Denn bei all den Anstrengungen, sollen

Jack, Emily, Alicja, Robert, Joe und

Peter auch mal mit einem leckeren

Nachtisch belohnt werden!

So gibt sich Leila die größte Mühe,

die tollsten Kreationen zu erschaffen.

Und dabei trifft sie immer die

Geschmäcker von allen!

Einhorn Erdbeereis Rezept auf Seite 74

Emilys Quarkdessert mit Beeren

Zubereitung: 15 Minuten
Für 2 Portionen

200g Beeren (Himbeeren, Blaubeeren)
200g Magerquark
100g Naturjoghurt
100ml Sahne
1 Packung Vanillezucker
1 Erdbeere
1 Zitrone

1. Wasche die Beeren sowie die Erdbeere gründlich unter fließendem Wasser.

2. Schlage die Sahne mit einem Rührbesen oder Handrührgerät steif.

3. Vermenge Magerquark, Naturjoghurt und Vanillezucker in einem separaten Behälter. Hebe die steif geschlagene Sahne anschließend unter. Schneide die Zitrone in Scheiben und füge einen Spritzer Zitronensaft hinzu.

4. Fülle das Quarkdessert schichtweise in Dessertgläser, indem du zunächst mit dem Quarkgemisch beginnst und dann eine Schicht Beeren hinzufügst. Garniere bei der letzten Schicht alles mit Beeren. Wenn du eine Erdbeere im unteren Teil mit einem Messer einschneidest, kannst du das Dessertglas damit noch zusätzlich am Rand dekorieren.

5. Stelle das Quarkdessert bis zum Servieren in den Kühlschrank, damit es gut gekühlt ist.

Emilys Quarkdessert mit Beeren - gesund und
lecker!

Roberts Dinkelpfannkuchen

Zubereitung: 15 Minuten
Für 4 Portionen

200g Dinkelmehl (alternativ Weizenmehl)
2 Eier
250ml Milch
1 Prise Zucker
1 Prise Salz
Olivenöl
nach Belieben: 1 Apfel

1. Wasche den Apfel, schäle diesen und schneide ihn in Scheiben.

2. Gib die Eier in eine Schüssel und füge eine Prise Zucker sowie eine Prise Salz hinzu. Verrühre alles mit einem Schneebesen.

3. Füge dann abwechselnd Mehl und Milch zu dem Teig und verrühre alles gut, sodass keine Klumpen entstehen. Wenn der Teig eine glatte Konsistenz annimmt und kleine Blasen schlägt, ist er perfekt.

4. Erhitze etwas Olivenöl in einer Pfanne und füge eine Kelle Teig in diese. Schwenke die Pfanne in alle Richtungen, damit sich der Teig gut verteilt. Gib dann nach Belieben noch Äpfel auf den Teig und lass den Pfannkuchen jeweils circa 2 Minuten von beiden Seiten braun werden. Wenn er warm ist, schmeckt er am besten.

Roberts Dinkelpfannkuchen - mit einer
Ausstechform kannst du den fertig gebratenen
Pfannkuchen noch verschönern!

Einhornpudding

Zubereitung: 15 Minuten
Für 2 Portionen
200ml Milch
130ml Sahne
30g Zucker
30g Speisestärke
1 Pck. Vanillezucker
1EL Margarine
(nach Belieben): Kakaopulver

1. Gebe 125ml Milch, Butter, Sahne und Zucker in einen Topf und verrühre mit einem Schneebesen alles. Lass die Masse bei mittlerer Hitze aufkochen.

2. Vermische die restliche Milch und den Vanillezucker mit der Speisestärke und gebe die Mischung ebenfalls in den Topf. Verrühre alles mit einem Schneebesen und lass es erneut kurz aufkochen.

3. Fülle den heißen Pudding in Förmchen und stelle diese direkt für circa 2,5 Stunden in den Kühlschrank, damit er fest wird.

4. Stürze die Förmchen dann auf einen Teller. Wenn du keine Förmchen hast, schneide aus Backpapier ein Einhorn aus und lege dieses auf den Pudding. Streue dann etwas Kakaopulver darüber, bevor du das Backpapier wieder entfernst. Schon hast du ein tolles Motiv auf deinem Vanillepudding, was deine Gäste mit Sicherheit begeistern wird!

Einhornpudding - mit einer Form lassen sich
mithilfe von Kakaopulver schöne Kreationen auf
dem Pudding zaubern!

Peters Erdbeerkuchen

Zubereitung: 60 Minuten

Für den Teig:
3 Eier
80g Mehl
80g Zucker
1 Pck. Vanillezucker
2 EL Wasser
etwas Butter und Mehl für die Form

Für den Belag:
500g Erdbeeren
1 Pck. Vanillepuddingpulver
500ml Milch
nach Belieben: Fondant

1. Heize den Backofen auf 160°C Umluft auf.
Trenne zunächst in zwei Schüsseln, das Eiweiß von dem Eigelb.
Schlage das Eiweiß mit 2 EL Wasser, Vanillezucker sowie dem
Zucker steif. Füge das Eigelb der Eier hinzu und verrühre alles.
Hebe das Mehl zusätzlich unter die Masse.

2. Gebe den Teig in eine mit Butter und Mehl gefettete Form und
lass diesen für circa 25 Minuten im vorgeheizten Backofen
backen.

3. Hole den Biskuitboden aus dem Backofen und stürze diesen
auf einem Backblech oder einem Teller. Mische das
Vanillepuddingpulver mit 500ml Milch und rühre es mit einem
Handrührgerät kräftig durch. Füge die gewünschte Menge an
Pudding auf den Biskuitboden und streiche alles glatt.

4. Wasche die Erdbeeren und garniere diese auf dem Pudding.
Forme aus weißem Fondant eine Blume, indem du zunächst
drei große Blätter und anschließend weitere kleinere
Blütenblätter formst und diese von außen aneinandersetzt.
Setze die Blüte in die Mitte des Erdbeerkuchens.

Peters Erdbeerkuchen - für jeden Anlass geeignet!

Leilas Teegebäck

Für den Teig:
2 Eier
230g Weizen- oder Dinkelmehl
70g Zucker
120g Butter oder Margarine
1 Prise Salz

1. Vermenge Eier, Mehl, Zucker, Butter sowie Margarine zu einem glatten Teig und knete diesen gut durch. Forme den Teig zu einer Kugel und wickel ihn in Frischhaltefolie. Lege den Teig anschließend für ca. 1 Stunde in den Kühlschrank.

2. Heize den Backofen auf 180°C Umluft auf.

3. Rolle den Teig ca. 4mm dick auf einer bemehlten Fläche aus und steche mit Ausstechformen (z.B. Einhörner) Kekse aus. Lege diese dann auf ein mit Backpapier ausgelegtes Backblech aus.

4. Gebe alles für ca. 15 Minuten in den Backofen. Vor dem Verzehr solltest du die Kekse gut auskühlen lassen!

Leilas Teegebäck – ist immer wieder ein Genuss für
zwischendurch!

Einhorn Erdbeereis

Zubereitung: 10 Minuten (zzgl. Gefrierzeit)
Für 4 Portionen
200g Erdbeeren
50ml Sahne
130ml Milch
1 Spritzer Zitronensaft
Eiswaffeln

1. Wasche die Erdbeeren unter fließendem Wasser und schneide diese in kleine Stücke. Püriere sie dann in einer Schüssel, bis eine flüssige Konsistenz entsteht. Füge den Zucker hinzu und rühre diesen unter.

2. Füge Milch sowie einen Spritzer Zitronensaft zu den pürierten Erdbeeren und rühre alles mit einem Schneebesen zu einer gleichmäßigen Masse.

3. Schlage die Sahne in einem kleinen Behälter mit einem Handrührgerät steif. Sollte es nicht sofort gelingen, verwende etwas Sahnesteif, welches du zu der Sahne gibst.

4. Hebe die steif geschlagene Sahne unter dem Erdbeeren-gemisch.

5. Fülle die Masse in einen Gefrierbehälter und stelle alles in dein Gefrierfach für ca. 2 Stunden. Hole diese dann heraus und rühre die Masse mit einem Schneebesen kräftig durch, damit sich nicht zu viele Eiskristalle bilden. Stelle sie dann wieder für weitere 2 Stunden in den Gefrierschrank und genieße das Eis anschließend mit den Eiswaffeln!

Einhorn Erdbeereis - mit einer schönen
Ausstechform macht es noch viel mehr her!

Nornhies Cupcake Grundrezept

Zubereitung: 60 Minuten
Für 4 Portionen_____ _
Für den Teig:
1 Ei
25g Margarine
100g Mehl
1 Pck. Vanillezucker
80g Zucker
½ TL Backpulver

1. Heize den Backofen auf 180°C Umluft auf.
Schlage das Ei in eine Schüssel und füge Zucker, Vanillezucker sowie die Margarine hinzu. Verrühre alles kräftig mit einem Handrührgerät. Rühre langsam die Milch unter.

2. Vermische das Mehl mit dem Backpulver und rühre diese Mischung unter den Teig.

3. Fülle Papier-Muffinförmchen zur Hälfte mit dem Teig und lass alles auf einem Backblech auf der mittleren Schiene im Backofen bei 180°C Umluft, circa 30 Minuten backen.

4. Mache die Stäbchenprobe, bevor du die Cupcakes aus dem Backofen holst, indem du ein Holzstäbchen in die Cupcakes stichst. Klebt kein feuchter Teig mehr an dem Stäbchen, sind die Cupcakes fertig.

Cupcake Grundrezept eignet sich für viele
schöne Kreationen - lass deiner Fantasie

freien Lauf!

Nornhies Burgsandkuchen

Zubereitung: 1 Stunde 10Minuten

Für den Teig:
380g Mehl
200g Zucker
1 Pck. Vanillezucker
1 Pck. Backpulver
1 Prise Salz
2 EL Olivenöl
320ml Wasser

Für die Türme:
250g Haferflocken
1 Pck. Kuchenglasur (Vollmilch)
2 EL Honig
Eiswaffeln (beliebig, z.b. Waffelhörnchen)
Puderzucker
Zuckerschrift

1. Heize den Backofen auf 180°C Umluft auf. Vermenge Mehl, Zucker, Vanillezucker, Backpulver und Salz. Füge Wasser und Olivenöl hinzu und verrühre alles zu einem glatten Teig. Füge den Teig in eine gefettete Rührkuchenform und lass ihn für 60 Minuten in dem vorgeheizten Backofen backen.

2. Schmelze in der Zwischenzeit die Kuchenglasur in kochendem Wasser nach Packungsanleitung. Gib die geschmolzene Kuchenglasur in einen Topf und füge ca. 220g Haferflocken sowie 2 EL Honig hinzu. Vermenge alles gut. Fülle diese Masse dann in vier Puddingformen, Gläser oder Muffinformen und lass diese im Kühlschrank kalt werden.

3. Nehme den Kuchen aus dem Backofen und lass ihn auskühlen, bevor du ihn stürzt. Richte die Haferflockentürmchen auf dem Kuchen an und forme die Turmspitzen mit Eiswaffeln oder -hörnchen. Zeichne mit Zuckerschrift ein Tor auf den Kuchen und verziere diesen mit Haferflocken, indem du diese mithilfe der Zuckerschrift an den Außenrand klebst. Streue als Letztes Puderzucker mit einem Sieb über die Burg.

Nornhies Burgsandkuchen - auch als
Geburtstagskuchen eine tolle Idee!

Register

Danksagung

Dieses Kochbuch ist entstanden durch eine Leidenschaft zum Kochen und dem Erstellen neuer Kreationen auf Basis einer Buchreihe mit Inspirationen meines Kindes.

Die Verbindung zwischen dem Schreiben, der Fantasie und dem Kochen, lässt neue Kreationen entstehen.

Mein größter Dank geht zum einen an mein wundervolles Kind, das mich immer wieder neu inspiriert. Aber auch an meine wunderbaren Nornhiefans, die mich nicht nur als Autorin der Nornhie-Buchreihe unterstützen, sondern auch täglich in meinem Kochblog. Ich danke euch, dass ihr zusammen mit mir in neue Buch- und Kochwelten eintaucht und immer wieder Neues zusammen mit mir ausprobiert!

Eure Jenny